OBSERVATIONS CRITIQUES

SUR LES

LOIS CONCERNANT L'ARMÉE

ET

PROJET DE RÉORGANISATION

PAR

A. GABRIELLI

COLONEL EN RETRAITE

PARIS

DAUVIN, LIBRAIRE-ÉDITEUR

18, PASSAGE DU HAVRE, 18

1879

[illegible]

[illegible]
[illegible]
[illegible]
[illegible]
[illegible]
[illegible]

[illegible]
[illegible]
[illegible]
[illegible]

OBSERVATIONS CRITIQUES

SUR LES

LOIS CONCERNANT L'ARMÉE

PARIS
IMPRIMERIE BALITOUT, QUESTROY ET C°.
7, RUE BAILLIF, ET RUE DE VALOIS, 18

OBSERVATIONS CRITIQUES

SUR LES

LOIS CONCERNANT L'ARMÉE

ET

PROJET DE RÉORGANISATION

PAR

A. GABRIELLI

COLONEL EN RETRAITE

***

PARIS

DAUVIN, LIBRAIRE-ÉDITEUR

18, PASSAGE DU HAVRE, 18

—

1879

AVERTISSEMENT

La nation qui laisse en souffrance ses institutions militaires doit s'attendre à être subjuguée.

Les usurpations sur les peuples faibles sont nombreuses et récentes. Elles se renouvelleront chaque fois qu'il y aura lieu de satisfaire de grandes ambitions sous prétexte d'intérêts à soutenir et d'émigrations à protéger.

Malheur aux peuples dont les divisions politiques les rendent incapables de tenir le rang que donne le nombre uni, car le droit ne réside plus que dans la force.

Paris, le 12 juin 1879.

NOTES

Maintenant que la majorité républicaine, dans les deux Chambres, dirige le Gouvernement, elle doit accueillir comme un bienfait les observations critiques sur des actes qui ont fait des mécontents, actes sur lesquels il conviendra de revenir si le législateur a la prétention de faire croire à la durée de la République.

Tout gouvernement ne peut se dire honnête et fort qu'autant qu'il répare le mal fait par ses prédécesseurs. Voici : après la dernière guerre, plusieurs officiers furent retraités d'office alors que, jeunes encore, ils pouvaient rendre les meilleurs services, et cette mesure fut prise à l'égard des amputés sans que le gouvernement de M. Thiers ni celui de M. le Maréchal-Président aient songé à leur assurer une position dans les carrières civiles. Pendant qu'ils conservaient encore l'espérance d'y être admis et qu'ils postulaient dans ce sens, le *Journal officiel* du 10 février 1878 publiait un arrêté du ministre des travaux publics qui ordonnait un concours et fixait une limite d'âge à tout candidat désirant entrer dans les chemins de fer.

Le 24 juillet 1878, le même journal publiait le décret suivant : « Nul ne peut être nommé receveur particulier des finances s'il a » moins de trente ans ou plus de cinquante et s'il ne compte dix » ans de services publics, dont cinq au moins ressortissant des » finances. »

Dans la séance du 3 avril 1879, le Sénat, en votant la loi sur le rétablissement des perceptions des villes, dit à l'art. 4 : « Nul » ne peut être nommé receveur particulier des finances s'il a » moins de trente ans et s'il ne compte cinq ans de services pu- » blics, dont trois au moins dans un service ressortissant au

» ministère des finances. » Ministres et législateurs n'ont guère pensé à l'armée ; car, quand les officiers ne sont pas estropiés, ils ne prennent leur retraite qu'à 53, 56, 58 et 60 ans. Et, quand la guerre fait des victimes, il s'y trouve des officiers supérieurs qui méritent mieux qu'une simple perception. Si ces messieurs ont agi de la sorte pour faire désirer le retour des temps qui rappellent la grandeur d'âme de Napoléon Ier et son décret du 8 mars 1811, qui attribuait les emplois aux militaires de tout grade mutilés à la guerre, ils ne pouvaient pas mieux faire.

Hâtons-nous cependant de faire connaître qu'en 1878, sur la proposition de M. Gambetta, les Chambres acceptaient un nouveau tarif snr les pensions des officiers, tarif qui produisit une grande satisfaction dans l'armée. Cette loi avantage les généraux qui, bien qu'atteints par la limite d'âge depuis plusieurs années, en prenant leur retraite définitive maintenant, profitent d'une augmentation de traitement de plus de deux mille francs. L'occasion était belle pour qu'on se rappelât des officiers dont le ministre de la guerre avait brisé la carrière à cause de leurs blessures, et, malgré tant de titres à faire valoir, pas un des généraux siégeant dans les deux Chambres n'a songé à les défendre pour les faire participer à un acte équitable auquel ils avaient droit. Et, de ce fait, on a établi cette situation anormale qu'un chef de bataillon en parfaite santé reçoit une pension de retraite plus élevée qu'un colonel amputé et retraité d'office à l'âge de cinquante ans.

Des sénateurs et des députés ont fait observer que, revenir sur des faits accomplis, ce serait donner de la rétroactivité à la loi. Avant de faire une pareille réponse ils auraient dû se demander si la loi a jamais permis à un ministre de retraiter d'office les officiers qui, pour avoir été trop braves, sont restés couverts de gloire sur le champ de bataille ! Et ne devrait-on pas se dire que, quand un ministre n'a fait que des sottises, sottises qui ont spolié les officiers qui avaient gagné leur position au prix de leur sang, ses successeurs auraient dû s'empresser de les réparer. Enfin, la résolution sur les pensions de retraite, si heureuse pour les officiers qui n'ont pas souffert de la dernière guerre, prouvera toujours qu'on n'a visé que la politique et non la justice, du moment où ceux qu'on a retraités avant qu'ils eussent la limite d'âge, et qui, bien que blessés, pouvaient encore servir, ne sont pas rappelés ni admis à y participer. Et, outre cela, est-ce qu'un grand nombre d'amputés n'attendent pas encore les positions que les ministres n'accordent qu'à leurs protégés ? Et, comme dérision incessante, pendant que les victimes de la guerre souffrent, n'entendent-ils pas à chaque anniversaire de bataille les éloges qu'on adresse aux militaires morts au champ d'honneur? Tout cela est-ce bien loyal de la part de ces ministres qui veulent nous faire croire que tout est pour le mieux en France ? Et réellement qui ne se sentira navré en voyant que les Français qui ont défendu le sol, la propriété et la famille n'ont pu obtenir aucune compensation après le malheur qui les a frappés, tandis que ceux qui ont été condamnés pour avoir participé à la guerre civile, comme M. de Brissy, une fois amnistiés, ont trouvé que la loi leur permettait de reprendre du service et d'être retraités avec tous les honneurs.

C'est un bel exemple pour l'armée tout entière que le gouvernement et ses ministres laissent enregistrer.

AVANT-PROPOS

Les révolutions font faire aux peuples des actes qui les élèvent ou les rabaissent, selon qu'ils étendent leurs libertés ou les détruisent toutes. Celle de 1789 est la seule qui ait profité à la multitude; mais d'autres se sont accomplies, et les hommes à leur tête, soit qu'ils n'aient pas été favorisés par les circonstances, soit qu'ils n'aient été les maîtres qu'à moitié, toujours est-il que des principes ont été introduits dans les lois et règlements qui ne favorisent que les castes, ce qui fait rétrograder le progrès, au lieu de le protéger et de l'affermir. En effet, depuis 1830, les révolutions n'ont profité qu'à quelques solliciteurs, et les mutations dans le personnel administratif n'ont rien produit d'heureux pour personne, puisque les impôts sont plus lourds qu'autrefois et que la besace du pauvre reste plus vide que jamais.

Ce que nous avons remarqué dans l'armée, à ce propos, nous a profondément frappé.

En 1848, le général de Lamoricière, alors ministre et député, faisait accepter comme principe à suivre qu'il fallait récompenser les services à rendre, et ce fut au nom de la République qu'il inaugura son système et fit des promotions. La stupéfaction fut générale, des interpellations furent faites à la Chambre, mais sans pouvoir arrêter le mal. Il fallait des hommes de génie à l'armée et on lui en donna.

En 1854, le 20 septembre, le général Bosquet fut chargé de passer l'Alma à son embouchure et de placer sa division et les troupes turques sur le flanc gauche des Russes. Le mouvement fut exécuté. Aussitôt après, les divisions des généraux Canrobert et du prince Napoléon marchèrent à l'attaque des positions et les enlevèrent en se battant à bout portant. L'armée anglaise se couvrit de gloire en repoussant l'aile droite. Pendant cette lutte acharnée, que fit Bosquet? Rien. L'inaction de ses troupes sauva l'ennemi, la bataille ne fut qu'un carnage inutile qui nous obligea à aller à Sébastopol, où nous fîmes un siége de onze mois et où nous perdîmes plus de cent mille hommes et plusieurs milliards. Eh bien, ce général, qui, en la circonstance, montra si peu de valeur, avait obtenu de l'avancement contrairement à la loi, poussé par les coteries, qui naissaient déjà à cette époque et qui se sont bien développées.

Si, depuis que nos écoles militaires existent, elles avaient fourni des officiers réellement hors ligne, le mode d'avancement à adopter ne serait pas à discuter ;

mais les faits sont là qui parlent à la conscience publique, et, vraiment, si le privilége ne doit jeter dans l'armée que des mécontents, mieux vaudrait le supprimer, pour forcer chacun à gagner ses grades en passant par la filière.

N'est-il pas démontré que, depuis 1830, les officiers qui ont obtenu le plus d'avancement sont ceux qui, s'étant jetés dans les bureaux arabes et dans les états-majors, ont ensuite profité de la politique? Et, si nous jetons un coup-d'œil sur les fautes commises par les généraux pendant la dernière guerre, ne découvrons-nous pas que tous ne furent point jugés, mais que certains furent replacés parce qu'ils appartenaient à la catégorie pour laquelle on est toujours indulgent? Et ne voit-on pas que, si quelques officiers amputés sont encore en activité de service, c'est parce qu'ils ont débuté dans la carrière en sortant d'une école militaire?

Écartant tout esprit de partialité, demandons-nous quels services ont rendu à leur pays plusieurs généraux que la faveur avait placés si haut.

Si nous voyons Cavaignac et de Lamoricière à la tête du mouvement de 1848, nous les voyons aussi perdre patience et, au lieu de traiter avec ceux qui leur avaient élévé un trône, caresser l'insurrection pour la combattre, l'écraser et se donner la satisfaction de faire voter qu'ils avaient bien mérité de la patrie.

Passons vite, pour ne pas multiplier les exemples, et parlons seulement des ministres qui se succèdent à la guerre depuis 1870. Y a-t-il eu parmi eux un organisateur?

Le général de Cissey a beaucoup défait. Il est l'auteur du décret du 30 novembre 1872, qui a chassé de l'armée les anciens soldats qui n'avaient pas douze ans de services au 1ᵉʳ janvier 1873, et de la loi du 5 janvier 1872, permettant aux officiers de partir en retraite à vingt-cinq ans de services et autorisant le ministre de retraiter d'office les estropiés de la dernière guerre.

La première mesure, détruisant les aspirations dans la classe qui entre en carrière comme soldat, mit en souffrance le recrutement des cadres ; la deuxième permit de donner un avancement aussi rapide qu'irréfléchi d'abord, l'arrêta ensuite pendant cinq ans et produisit dans l'armée cette inquiétude pénible que donne le spleen (1). Et, continuant à faucher, il supprimait l'état-major des places, ruinant ainsi un grand nombre d'officiers qui, après la guerre, devaient naturellement obtenir ces positions.

Par un décret, il faisait établir que la punition de la cellule pourrait être doublée et la nourriture réduite ; que le peloton des punis, sans tenir compte de la gravité des délits, serait un exercice de pionnier ; que les musiciens ne deviendraient plus sous-officiers en conservant leur emploi, et enfin que le travail dans les régiments serait suivi comme on ne l'a jamais vu. Et tout

(1) L'école de Saint-Cyr continua à recevoir de nombreux élèves et l'avancement des sous-officiers s'en ressentit cruellement.

cela a eu pour effet de décourager du métier des armes les subalternes, dont l'instruction est suffisante quand ils savent manœuvrer et combattre.

Faire les révolutions au cri de vive la liberté et puis laisser changer les règlements pour y introduire des restrictions et plus de coercition, c'est illogique ; rétablir le privilége en en changeant la nuance, c'est exposer la nation à de grandes déceptions. — Car personne n'ignore qu'avant 1789, la noblesse s'emparait de tous les emplois, et que si l'avenir ne peut plus être assuré que par les points obtenus dans les lycées, personne ne sera dupe de cette manière de faire, et un jour viendra où il ne sera plus temps de réparer les actes de démence qui font tant de victimes. En passant en revue les décisions prises à l'égard de l'armée on est souvent profondément attristé. Ainsi, les facilités qu'avaient les jeunes gens de s'engager, et, une fois au service, de se rengager, ont presque totalement disparu. Il leur faut d'abord obtenir le consentement d'un chef de corps, ce qui est une grande complication, et ensuite il leur faut attendre les époques fixées par le ministre, qui sont du 1er au 31 mars et du 1er au 30 novembre. Autrefois, une décision ministérielle indiquait les régiments pour lesquels les engagements étaient ouverts, et chacun choisissait le moment qui lui convenait le mieux pour entrer au service. C'était plus large et plus conforme à nos principes.

Pour ce qui est des sous-officiers, le nombre de ceux

qui peuvent se rengager avec prime est limité. Eh bien, quelle figure veut-on que fassent ceux qui n'obtiendront pas cette faveur ?

L'ancien soldat lui-même, qui était l'auxiliaire indispensable du commandement et qui avait prouvé, dans mille circonstances, qu'il savait vaincre ou mourir, n'est plus représenté dans l'armée que par des employés de bureaux ou par des domestiques de généraux...

Il y a de quoi être effrayé, car le pouvoir aussi n'existe plus qu'à l'état fragile, attendu que les ministres responsables dirigent les affaires, non pour donner à la nation un courant démocratique, mais bien pour se créer des appuis politiques. Et, en dérogeant à la ligne de conduite qu'ils devraient tenir, ils perdent la république, parce que tous les hommes sérieux n'aperçoivent plus dans l'Etat les garanties qui les rendaient si fiers d'être Français.

A la Chambre des députés (séance du 27 février 1879), M. le général de Chanal a dit que les états-majors, qui règnent en maîtres au ministère depuis huit ans, excitent dans l'armée la plus grande indignation. Comment pouvait-il en être autrement ? Voulant obtenir une armée républicaine, sa réorganisation n'a été confiée qu'à des officiers qui ont une aristocratie à eux...

Aussi, qu'on se rende compte que la loi du 27 juillet 1872 permet d'appeler deux millions d'hommes sous les drapeaux ; que, de plus, la France peut disposer de plusieurs milliards, et que cependant jamais elle ne fut plus faible et n'inspira moins de craintes au dehors.

Les causes consistent dans les fautes commises contre la partie saine de l'armée après la dernière guerre et les aberrations suivies jusqu'à ce jour dans la réorganisation des cadres. Outre cela, tout montre clairement que la situation politique n'est point rassurante, attendu que, du moment où les Chambres peuvent contraindre le Président à se retirer, la porte restera ouverte à tout changement possible.

Il est donc bien évident que, malgré tant de forces tenues disponibles, nos masses ne sauraient être mises en mouvement, parce que nos contingents, s'ils étaient réunis dans une armée sans ressorts suffisants, manque=raient de confiance et les plus grands malheurs seraient à craindre.

I

Dans notre pensée, le jour où l'on entreprendra de réviser
la loi sur le recrutement, les questions à traiter seront les
suivantes :

L'article qui prescrit que tous les Français reconnus
bons pour le service doivent rester sous les drapeaux ou
dans la réserve, dans la territoriale ou réserve de cette
armée, depuis l'âge de vingt ans jusqu'à quarante, doit-il
être maintenu ? Réponse : Oui.

Étant admis qu'en cas de guerre tout Français n'ayant
pas vingt-neuf ans, marche avec l'armée active, comment
faire pour sauvegarder tous les intérêts en temps de paix ?
Voici :

1° Combien d'années d'exercice faut-il pour que le
conscrit reçoive l'instruction militaire ?

Quelle que soit l'arme où il fait ses classes, une année
suffit.

2° Pour le préparer à faire partie des cadres, combien d'années faut-il ?

La loi sur l'avancement a résolu la question, mais l'autorité du grade se raffermit de jour en jour pendant trois ou quatre années d'exercice dans la fonction.

3° Par quel moyen parviendra-t-on à avoir de bons cadres subalternes ?

En rétablissant le rengagement pour un certain nombre de sous-officiers, de caporaux, de tambours ou clairons et soldats jusqu'à l'âge de quarante ans.

4° Quel sera ce nombre ?

200,000, ainsi répartis dans chaque compagnie, escadron ou batterie :

Tambours, clairons et anciens soldats.....	20
Caporaux instructeurs...................	3
Sergents instructeurs...................	3

Les emplois d'instructeurs seront donnés, au concours, aux gradés qui ont trois ans de présence au corps et qui consentent à se rengager pour quatre ans.

Leur solde sera la suivante :

Soldat ayant sept ans de service........	0	80
Tambour ou clairon..................	1	»
Caporal instructeur..................	1	50
Sergent instructeur..................	2	»

par jour de présence et la demi-solde dans toutes les positions légales d'absence.

Avec les troupes permanentes et les conscrits appelés chaque année, l'effectif sous les armes, en temps de paix, ne dépassera jamais 350,000 hommes.

Dans la reconstitution des cadres, il faut viser le moyen de faire conduire les 1,500,000 soldats qu'on pourrait mobiliser à un moment donné ; or, ce but ne peut être atteint sans une base représentée par des militaires par profession.

Nous proposons de modifier l'art. 36 du titre III de la loi et de fixer la durée du service sous les drapeaux à trois ans, réglementée ainsi :

Aussitôt les opérations des conseils de révision achevées, le contingent de l'armée sera appelé, et, dès que l'instruction du premier degré sera terminée, un tirage au sort aura lieu dans le corps pour désigner ceux qui devront rester une ou deux années encore sous les drapeaux ; moins le numéro tiré sera élevé et plus la période du service sera longue. Les autres conscrits seront renvoyés dans la réserve.

Le nombre à garder sous les armes une ou deux années, non compris le temps d'instruction, pourra varier de deux à trois neuvièmes du contingent. Deux neuvièmes pour 150,000 hommes donneront 33,336 hommes servant de deux à trois ans et 116,665 hommes exercés au premier degré.

En cas de mobilisation des neuf contingents, l'armée se trouverait composée, savoir :

Cadres et anciens soldats................	200.000
Militaires ayant servi de deux à trois ans..	300.015
Soldats instruits au premier degré........	1.049.985
Total.............	1.550.000
Et, en évaluant les ressources de l'armée territoriale à............................	450.000
On aura.........	2.000.000

de Français connaissant le métier des armes et surtout solidement encadrés (1).

---

(1) En cas de rappel de toutes les classes, les gradés ne pourraient diriger convenablement les hommes incorporés en toute hâte sans le concours des anciens militaires. Outre cela, quand il y a lieu de remplacer les blessés et les morts, si les grades sont donnés à des militaires intelligents et expérimentés, le service ne souffre jamais. Le contraire a lieu quand ils sont accordés à des jeunes gens qui n'ont d'autre préoccupation que de finir la campagne pour rentrer dans leurs foyers.

Les neuvièmes du contingent, pouvant varier de deux à trois, seront laissés à la décision du ministre de la guerre, lequel en disposera selon qu'il se produira des vacances parmi les militaires de profession, vacances qu'il faudra remplir. Il aura aussi la faculté de faire libérer une classe par anticipation, si rien ne s'y oppose.

L'instruction militaire terminée, après le tirage au sort dans le régiment, les jeunes gens, dans une proportion de 8 p. 100, auront la faculté de se faire substituer, avec l'autorisation du conseil d'administration, par des hommes ayant fait les exercices avec eux et par conséquent de la même classe.

La portion du contingent affectée chaque année à l'artillerie de terre et de mer, à la flotte et à l'infanterie de marine, restera trois ans sous les drapeaux ; et, comme compensation, les hommes de ces catégories ne resteront que trois ans dans la réserve de l'armée active et trois ans dans l'armée territoriale.

De toutes les mesures prises au ministère de la guerre, celle de la mobilisation, travail du général Fay, est préparée de la manière la plus claire et la mieux entendue. Un seul point nous a donné et nous donne encore des regrets, c'est qu'on n'ait pas trouvé le moyen de faire rentrer le soldat dans le régiment qui l'a instruit, parce que se connaître à la guerre double les forces, donne de l'influence aux chefs et de l'audace à tous, choses essentielles pour assurer la victoire. La manière dont les bureaux de recrutement répartissent et envoient par toute la France le contingent de chaque année n'a pas permis sans doute de prescrire que le soldat rappelé rentrerait dans son ancien corps. Il faudra y remédier autant que faire se pourra ; l'homme devra être instruit dans la région militaire avec laquelle il devra marcher.

II

Le règlement du 1ᵉʳ décembre 1875 prévoit tout ce qu'il
faut faire en cas de mobilisation. Il faudra néanmoins éviter les confusions sur les voies ferrées en rappelant les
classes de la disponibilité successivement ; et, à cet effet,
les détachements ne devront être conduits aux gares d'embarquement que lorsque le commandant du recrutement,
prévenu par dépêche, les fera accompagner par des officiers
et des sous-officiers.

Quand l'armée active sera au complet, elle sortira des
garnisons pour camper ou pour marcher vers sa destina-
tion et sera remplacée par les troupes territoriales. Tout
mouvement de troupes doit être combiné entre les généraux en chef et les intendants, afin que hôpitaux, ambu-
lances, transports et vivres soient au complet, que le soldat trouve la régularité dans les distributions partout où il
doit séjourner ou passer quelques heures. Le manque d'eau
sur les points d'embarquement occasionne les débandades
et des retards pour la mise en route. La haute direction
avisera pour ne laisser jamais arriver sur un point quel-

conque plus d'hommes que l'administration ne peut en coucher et en nourrir (1).

L'armée active sera comme le fleuve que rien n'arrête si l'on réintroduit dans les rangs le stimulant nécessaire aux masses et surtout si ces rangs sont dégagés des greffes parasites qui paralysent l'avancement des sous-officiers.

L'armée territoriale pourra également être utilisée si son état d'ébauche cesse enfin. Pour être prêt à tout événement, organisons sans lenteur et sans tâtonnement.

Un général de division doit être nommé dans chaque corps d'armée pour commander l'armée territoriale et se mettre en relations de service avec les chefs des régiments et donner aux troupes la cohésion sans laquelle on ne pourrait jamais en tirer un bon parti.

Chaque régiment territorial sera à quatre bataillons : les deux premiers composés de soldats qui n'ont pas trente-quatre ans révolus ; les troisième et quatrième avec les soldats qui auront plus de trente-quatre ans et des hommes mariés qui auront deux enfants et plus.

Chaque régiment sera informé qu'il fait partie de telle brigade et de telle division.

Les deux premiers bataillons pourront être utilisés en tout temps par décret du Président de la république, les troisième et quatrième bataillons également ; mais le service de ces derniers sera celui de garnison et de pompier en tout temps.

Dans les troupes territoriales, l'autorité des lieutenants-colonels devra se borner à la transmission des ordres tant que les troupes ne sont pas sous les armes. En conséquence,

---

(1) Les manœuvres d'automne ont déjà dû faire connaître au ministre de la guerre si l'administration est en mesure de pourvoir aux besoins de l'armée si elle devait entrer en campagne. Toute négligence à cet égard ne pourrait être assimilée qu'à un acte de trahison contre la nation.

chaque chef de bataillon sera chef de corps de son bataillon et fera les nominations à tous les emplois jusqu'au grade d'adjudant. Les officiers seront choisis comme il sera dit à l'art. 7 ; mais les propositions seront soumises par les chefs de bataillon à leur lieutenant-colonel commandant, qui deviendra seul responsable des propositions qu'il transmettra, avec son avis, à l'autorité supérieure.

Quand les bataillons seront réunis en marche ou en garnison (1), alors le lieutenant-colonel aura la même autorité que les chefs de corps et demeurera seul responsable du service et de la discipline ; mais, eu égard à la composition des troupes, chaque chef de bataillon, ayant un conseil d'administration formé avec trois capitaines et l'adjoint trésorier, conservera la direction et la responsabilité de l'administration.

L'artillerie et la cavalerie à joindre aux divisions de la territoriale seront organisées dans les dépôts actifs de ces armes, parce que les officiers doivent posséder des connaissances techniques qu'on ne peut acquérir que dans les exercices de détail.

Les blessés et malades de l'armée territoriale seront reçus et soignés dans les mêmes établissements que les militaires de l'armée active ou dans les infirmeries régimentaires.

Les troupes territoriales seront assimilées aux troupes actives sous le rapport de la discipline lorsqu'elles seront mobilisées, et nul ne devra ignorer que les fautes font traduire devant les conseils de guerre ceux qui s'en rendent coupables.

Chaque fois qu'un militaire de la territoriale passera en conseil de guerre, deux membres de ce conseil seront pris dans cette même armée et nommés par le général de division de l'armée active, sur la présentation d'une liste en-

(1) Quand elles ne pourront pas être casernées, le logement leur sera donné chez l'habitant.

voyée par le lieutenant-colonel qui aura transmis la plainte (1).

Sauf quelques rares exceptions, les troupes territoriales ne pourront faire aucune réquisition et devront se pourvoir elles-mêmes de vivres. Par conséquent, elles jouiront de la solde suivante :

Soldat...........	1	30
Tambour ou clairon.........................	1	40
Caporal...................................	1	50
Sergent....................................	2	»
Sergent-major	2	50
Adjudant sous-officier......................	3	»
L'armurier, la solde de son grade avec une indemnité de (2).............................	2	»
Le vaguemestre, la solde de son grade avec une indemnité de 50 cent. par bataillon et par jour.	»	»
Le caporal tambour, la solde de sergent.......	2	»

Les officiers recevront la solde de leur grade avec l'indemnité de rassemblement. Les rations de fourrages seront allouées aux chevaux des officiers qui ont le droit d'être montés (3).

Un membre de l'intendance, placé près du général commandant la division territoriale, sera chef des services admi-

____

(1) Tout réserviste convoqué qui ne rejoindra pas dans les délais prescrits par son ordre de route paiera 25 fr. d'amende par jour de retard. Si ce retard se prolongeait au-delà de six jours, il serait signalé à la gendarmerie et l'autorité supérieure aviserait afin de savoir s'il faudrait punir sévèrement et au besoin traduire en conseil de guerre si les délais ont été dépassés de quinze jours.

Les amendes seront versées par l'intendance aux manufactures d'armes d'artillerie chargées de l'entretien des armes des régiments territoriaux.

(2) Les pièces d'armes lui seront fournies par l'artillerie, comme cela se pratique dans l'armée active.

(3) Officiers supérieurs, adjudants-majors et médecins.

nistratifs, et tous les ordres qu'il donnera devront être approuvés par le général.

La solde de la troupe sera perçue sur des états nominatifs établis par les compagnies, de cinq jours en cinq jours, signés par les officiers de la compagnie, approuvés par les chefs de bataillon et acquittés par le trésorier chargé de recevoir. Aussitôt la solde reçue, chaque capitaine ou commandant de compagnie touchera le montent porté sur son état (1).

Les sous-officiers et soldats vivront par compagnie ou par escouade, selon qu'ils seront en garnison ou en campagne. Le versement à faire à l'ordinaire, en garnison, sera réglé par le général commandant la division. En campagne, les capitaines fixeront le versement à faire, qui ne devra jamais être au-dessous de 80 centimes à 1 fr.

Dans les garnisons, quand les troupes seront casernées, le chauffage pour les cuisines leur sera fourni par l'État. Les moyens de transport leur seront également fournis comme pour les bataillons des troupes actives. Les magasins de l'Etat leur fourniront aussi les petits bidons avec courroies, les grands bidons, gamelles et marmites, haches, pelles et pioches.

A toute réunion de troupes, les hommes doivent se présenter avec leur havre-sac, les effets d'habillement, linge et chaussures dont ils sont pourvus (2). Les armes et l'équi-

(1) En campagne et dans tous les cas de force majeure, quand l'Intendance né peut se procurer les vivres et les denrées pour assurer les distributions, pourquoi une indemnité en argent ne serai-elle pas payée aux troupes pour qu'elles eussent à se pourvoir elles-mêmes ? L'expérience a prouvé que les fractions se procurent plus facilement le nécessaire quand il n'y a pas inconvénient à laisser les hommes s'éloigner de leur bivac à plus d'une lieue.

(2) Dès que ces troupes devront faire campagne, les magasins du campément fourniront à chaque soldat, caporal, tambour et sous-officier : une cravate ; deux chemises, un caleçon ; deux paires de guêtres blanches et une paire de souliers, deux trousses, une pour les sous-officiers et une à chaque caporal d'escouade dans chaque compagnie.

pement leur seront distribués par les dépôts des corps actifs.

Les officiers seront responsables, s'ils ne constatent pas en temps opportun la perte des effets confiés aux soldats sous leurs ordres. Le remboursement de tout effet perdu sera poursuivi et le coupable pourra être maintenu en prison tant qu'il n'aura pas payé.

Les médecins font partie de l'armée territoriale jusqu'à l'âge de quarante ans. Ceux qui seront attachés aux premier et deuxième bataillons recevront la solde de capitaine de 1re classe ; et ceux qui feront le service aux troisième et quatrième bataillons, la solde de lieutenant de 1re classe.

L'entrée en solde de ces troupes sera ordonnée par un ordre du jour du général commandant le corps d'armée. Le renvoi dans leurs foyers sera également fixé par ordre, et alors l'Intendance et les capitaines-majors règleront les perceptions de toute nature dans un délai qui ne pourra pas dépasser un mois.

Les récompenses dans la Légion d'honneur comporteront le traitement si ceux qui les reçoivent comptaient vingt ans de services dans l'armée active avant d'entrer dans la territoriale, ou bien s'ils les ont obtenues pour faits de guerre ou pour blessures reçues dans le service. Dans tout autre cas, elles ne seront qu'honorifiques.

Tout militaire de la territoriale qui aura été poursuivi pour désertion, quels que soient ses services antérieurs, perdra ses droits à la pension de retraite et ne sera plus électeur pendant cinq ans.

En résumé, les services dans l'armée territoriale ne donneront droit à la pension de retraite qu'autant que le postulant justifiera de vingt années de service dans l'armée active, et, en outre, qu'il a assisté et marché avec ses troupes toutes les fois qu'il en a reçu l'ordre.

Pour tous les cas de services exceptionnels, pour blessures et actions d'éclat, la pension de retraite pourra être accordée aux officiers sur le grade qu'ils ont obtenu dans la territoriale, mais alors sur la proposition de leur général en chef, proposition qui sera soumise aux Chambres par le ministre de la guerre, avec les rapports relatant les faits.

Les chefs ne perdront jamais de vue que la plus grande bienveillance doit les dominer dans tous les ordres qu'ils auront à donner à leurs subordonnés, et les généraux s'attacheront à rendre le service aussi doux que possible.

III

Dans l'armée, tant qu'a duré le mode de remplacement autorisé par la loi de 1832, tout soldat à chevrons était supposé servir pour un autre, et, comme on savait que cette opération se faisait pour une somme d'argent, le public s'était habitué à n'avoir que peu de considération pour ces anciens militaires.

Le remplacement étant effacé de nos lois, si l'ancien soldat est rétabli dans les armées, il méritera désormais l'estime de tous ses concitoyens, parce que son service sera tout dévouement à sa patrie.

L'on se figure généralement que les cadres subalternes étaient meilleurs autrefois parce que la loi exigeait sept ans de service (1). Or, on doit se souvenir que les contingents n'étaient appelés qu'une année après le tirage au sort;

(1) La loi de 1832 sur le recrutement était subordonnée au vote des Chambres chaque année. Sur 325,000 conscrits, 90,000 à 100,000 seulement étaient incorporés; les autres étaient libres. La loi du 15 juillet 1872, ayant fait soldat tout citoyen, n'y aurait-il pas lieu de déduire des services pour la retraite les trois années que chacun doit à l'État?

qu'ensuite, pendant qu'ils étaient sous les drapeaux, chaque militaire recevait en moyenne un et deux semestres, et que presque toujours (hors le cas de guerre) les classes étaient renvoyées par anticipation six mois et quelquefois un an avant l'expiration du congé. Par conséquent, tout compte fait, le service ne durait guère plus de trois ans, et, si l'on avait des cadres sérieux, on les devait à la facilité qu'avaient les chefs de corps de les choisir parmi les sujets distingués et zélés qui consentaient à se rengager et même à remplacer.

Les sous-officiers qui avaient quelque mérite se rengageaient, comptant sur la bienveillance de leurs chefs pour parvenir sans passer par une école.

Bref, il est parfaitement démontré que la durée du service peut être réduite à trois ans si le noyau des militaires par profession est admis en principe, et que, dans le cas où ce principe serait repoussé, il y aurait lieu de prescrire que les deux neuvièmes du contingent feraient sept ans.

Nous sommes pour le service à trois ans, parce que tout citoyen qui ne désire pas rester militaire se dégoûte du métier, et que ceux qui résistent à la nostalgie considèrent comme un supplice non mérité le temps pendant lequel on les retient inutilement une fois leur instruction terminée.

Pour ce qui est des sous-officiers qui se rengagent pour recevoir la prime, c'est, à notre avis, la plus mauvaise des opérations sur laquelle on est revenu après l'avoir tant décriée. Ceux qui acceptent, sachant qu'à douze ou quinze ans de service ils seront renvoyés avec une retraite proportionnelle et la promesse d'un emploi s'ils peuvent subir un examen, ne peuvent être que des sujets médiocres qui encombreront les carrières civiles. Donc, si l'on veut posséder de très-bons sous-officiers, supprimons les primes et rétablissons les pensions de retraite, comme il sera dit à l'article 7.

Ramenons dans l'armée la solidarité qui reliait le subordonné au chef et faisait de ce dernier le protecteur des intérêts de tout bon serviteur. Il y a dans la population des pensées viriles qui réclament une puissante organisation pour répondre de la tranquillité au dedans et du respect qu'on doit avoir pour la nation au dehors.

Ne perdons point de vue que l'aisance et la liberté que les jeunes gens trouvent dans leurs foyers et dans les administrations civiles leur font fuir l'état militaire, et que, si chacun cependant conserve l'idée de marcher en cas de guerre avec l'étranger, il y a chez tous la croyance que les succès ne sont possibles qu'autant que la direction et la cohésion seront parfaites.

L'ancien soldat a, en outre, la vertu de ne jamais fraterniser avec les émeutiers, et dans une nation aussi turbulente que la France, ses services méritent d'être appréciés. Si nos troupes n'avaient pas à leur tête les anciens officiers et quelques débris d'anciens cadres, avec les jeunes conscrits tenant garnison dans nos grandes villes, les Chambres et le gouvernement répondraient-ils de l'ordre ?

IV

Aucune loi ne peut détruire complétement le privilége,
parce que le don de l'intelligence le fait naître ; mais si dans
les armées le militaire ne doit prétendre aux grades que
dans la limite de ses capacités, faudrait-il au moins avoir
la franchise d'en fixer l'étendue.

Pour ce qui concerne l'instruction du soldat, il conviendra d'établir deux degrés. Le premier, consistant à connaître
les règles de la discipline, l'entretien des armes, l'école de
compagnie et le tir à la cible ; la deuxième, posséder des
connaissances suffisantes pour commander l'école de compagnie, connaître les devoirs d'un sous-officier sur le pied
de paix et sur le pied de guerre, et imposer cette dernière
instruction aux conditionnels d'un an.

Modifier le volontariat et établir que les jeunes gens, dans
la proportion de 10 p. 100, pourront devancer l'appel dès
qu'ils auront dix-huit ans et que, servant dans ces conditions, ils ne quitteront le service qu'autant qu'ils auront
obtenu le brevet de sous-officier (1). Ce brevet leur confé-

(1) Leur instruction ne durera jamais moins d'un an, ni plus de deux.
La commission chargée de leur examen se bornera aux questions du
programme ministériel.

tera les droits de rentrer dans l'armée avec le grade de sergent tant qu'ils n'auront pas trente ans révolus et de pouvoir concourir avec les autres sous-officiers pour le grade de sous-lieutenant au choix.

Dans le cas où un trop grand nombre de jeunes gens se présenteraient pour le volontariat, il serait procédé par le tirage au sort devant le commandant du recrutement et en présence des intéressés. Les numéros les moins élevés seront admis à devancer l'appel.

Le ministre de la guerre doit, selon les temps, avoir le droit de diminuer l'effectif des présents quand il aura la certitude que les classes sont bien instruites.

D'après le nombre d'instructeurs à rengager, comme c'est indiqué à l'art. 1er, page 20, il est facile de constater que les cinq huitièmes des caporaux, le quart des sergents, les emplois de sous-officiers, secrétaires et comptables restent réservés aux militaires dont la durée du service ne dépassera pas trois ans, et que cette moyenne est excellente pour fournir des auxiliaires de choix, en cas de rappel à l'activité.

Le maintien au service des anciens militaires exigera qu'on introduise dans la loi que l'ivresse sera considérée comme un délit très-grave et les récidives punies, savoir : l'officier, de la mise à la réforme ; les sous-officiers, les caporaux, les tambours ou clairons et les premiers soldats, de la perte de leur grade et ceux qui n'ont pas de grade de la perte de leur classe. Les soldats seront envoyés dans les corps d'Afrique et, une fois dans ces corps, s'ils s'enivrent encore, ils seront incorporés dans les compagnies de pionniers ou de discipline. Quiconque aura été l'objet de mesures sévères, non-seulement ne sera plus admis à se rengager, mais perdra ses droits pour les emplois civils.

L'institution des instructeurs et le maintien des anciens soldats occasionneront-ils un surcroît de dépenses? Oui, si, ne sachant pas tirer parti de leur présence sous les armes, on ne diminue pas les effectifs. Non, si le contraire a lieu, et si, tirant le meilleur parti de leurs aptitudes militaires, plus de cent mille hommes sont rendus chaque année à l'agriculture et aux professions libérales.

Voici du reste quelques chiffres :

Le nombre des régiments d'infanterie, y compris les bataillons de chasseurs à pied, les compagnies de discipline, les bataillons d'Afrique, les ateliers de condamnés, etc., peut être évalué à 180, ayant chacun 119 sous-officiers, en tout : 21,420.

Or, en doublant ce nombre et calculant la dépense d'après la solde à payer aux instructeurs et aux anciens soldats, et même en y ajoutant quelques millions pour les subventions à donner aux cadres de la territoriale, les frais ne dépasseraient pas 50 millions par an.

Cette organisation, dans la main d'un ministre habile, offrira la possibilité de réaliser de grandes économies tout en conservant des cadres instruits.

Dans l'armée de mer, où le service est des plus durs et où les dangers sont perpétuels, les sujets de choix ne manquent jamais. Pourquoi? parce que tout le personnel subalterne est bien rétribué, bien nourri, bien habillé et bien considéré. Et ensuite, grâce à une bonne disposition due au ministre de la marine qui organisa un corps de marins vétérans, tout le personnel continue à servir jusqu'à la retraite définitive, et c'est heureux, car si l'on avait appliqué l'inqualifiable décret du 30 novembre 1872 à la flotte, les désastres qu'il y aurait produit parmi les sous-officiers auraient été irréparables.

V

Si nous voulons que l'armée apprécie le régime républicain, il faut nous reporter aux lois des 29 octobre 1790, 14 germinal an III, 10 brumaire an IV, sur l'avancement, et nous rappeler qu'elles étaient empreintes d'un tel esprit de justice, qu'au premier cri d'alarme tous les Français (les émigrés exceptés) accoururent sous les drapeaux et eurent raison de l'Europe entière.

Nous présageons qu'on y reviendra bientôt, car, sans cela, la nation serait en droit de penser que le législateur ne cherche qu'à la plonger dans les ténèbres, d'où elle ne se relèvera qu'énervée et mutilée.

La loi sur l'avancement doit être refaite, et le meilleur moyen de la faire apprécier, maintenant que la rapidité du tir et la précision des armes indiquent que la bravoure doit être encouragée, sera de tenir compte des services rendus pour mériter les grades (1).

(1) Si la loi proposée par M. le comte de Roys était votée, l'armée serait ramenée au temps de Charles VII, et, dans toutes les affaires, nos soldats nous rappelleraient ceux d'Azincourt. (*Journal officiel* du 11 avril 1879.)

Pour prouver combien la loi sur l'avancement est vicieuse, il suffira d'appeler l'attention publique sur ce qu'on a fait depuis 1870. Presque tous les ministres de la guerre ont été choisis parmi les généraux du corps d'état-major. Aussi, se sont-ils empressés de prendre le tiers des grands commandements, de plusieurs divisions et de plusieurs brigades, et de placer partout des généraux, et des colonels qui, comme eux, ont fait carrière par les bureaux. C'en est à tel point que, si nos contingents étaient mobilisés, les dangers seraient immenses, parce que la confiance ne peut être imposée, pas plus qu'on n'improvise des armées (1).

En 1875, le 13 mars, ils faisaient voter la loi qui autorise le changement d'arme des officiers. Ils ont ainsi ouvert la porte aux abus, qui était déjà bien large.

Les actes qui établissent que, pour prospérer sûrement, il faut être épargné par la mitraille sont horribles. Ce sont ces procédés qui indiquent que l'immoralité qu'on reproche aux gouvernements déchus prend des proportions de plus en plus étendues, et que, quand le sang des braves fertilise le sol, cela ne profite qu'aux protégés des ministres.

Si l'on se reporte aux derniers événements de guerre on constatera à quelles armes appartenaient les généraux et les officiers supérieurs tués à l'ennemi. L'infanterie en compterait plus de 150, la cavalerie 17, l'artillerie 16 et le génie 6. Et si l'on comparait les pertes subies avec les récompenses distribuées, on se rendrait bien vite compte de l'esprit d'équité qui a présidé à ces distributions, et on verrait qu'il y a de grandes précautions à prendre pour garantir les droits acquis.

(1) Lire à l'*Officiel* du 18 mai 1879, p. 4,061, l'observation de M. le général de Chanal. Il constate que le nombre des divisionnaires du corps d'état-major, qui devait être de 13, est actuellement de 17, et que celui des généraux de brigade, qui devait être de 20, est actuellement de 27. Il ajoute : Ce n'est pas assez. Ils veulent tout.

Demandons-nous maintenant quelles capacités il faut avoir pour commander un régiment, une brigade, une division? L'instruction du second degré, l'intelligence, la fermeté et l'honorabilité acquises dans une longue carrière ne sont donc pas des garanties suffisantes? Que le stratégiste de premier ordre commande en chef, c'est naturel. Mais qu'on le sache bien, l'officier supérieur ou général, connu comme tacticien, qui affronte les boulets et la mitraille à la tête des troupes, celui-là est plus utile sur le champ de bataille comme soldat donnant l'élan que comme savant dirigeant.

Voici nos observations :

La manière dont les premiers grades sont obtenus dans les régiments laisse peu entrevoir au soldat qu'il a encore le bâton de maréchal dans sa giberne.

L'arbitraire et le caprice des chefs de corps jouent un grand rôle. Les capitaines et les chefs de bataillon n'obtiennent que rarement les sujets qu'ils demandent; dès lors, ne conservant que le droit de punir, puisque toutes les faveurs sont accordées par le colonel, ils n'ont sur leurs subordonnés que l'influence que donne la crainte des punitions et jamais celle qui est inspirée par la reconnaissance.

La loi présentée sur les états-majors a déjà fait beaucoup de bruit et les motifs qu'on a fait valoir pour donner de l'avancement aux officiers de ce corps ont étonné l'armée.

Chacun s'est dit : Si ces officiers ont leur avancement au choix assuré par la loi, ils seront autorisés à se croire les supérieurs de leurs propres chefs si ces derniers, n'ayant pas suivi les cours de l'École supérieure, ne peuvent avoir les mêmes garanties d'avenir.

Le corps d'état-major laissera moins à désirer si la composition comporte les officiers permanents et les officiers temporaires.

Les officiers permanents auront le grade de colonel et

seront choisis parmi ceux qui auront commandé un régiment pendant deux ans. Ils pourront être chefs d'état-major des divisions et sous-chefs d'état-major des corps d'armée. Ils auront sous leurs ordres les officiers nécessaires pour ce service, formant deux catégories, et tous, au titre temporaire, se renouvelant tous les trois ans et par moitié.

Les officiers désignés pour des services spéciaux compteront à leur corps et feront le service de compagnie comme tous les autres, soit qu'ils y figurent comme titulaires ou à la suite ; et, à cet effet, le nombre d'officiers actuellement hors cadres doit entrer dans les régiments comme officiers supplémentaires qu'on placera hors rang chaque fois qu'il y aura lieu de les désigner pour le service des états-majors ou en mission.

Chaque corps d'armée aura, à l'avenir, deux chefs d'état-major responsables : l'un, général de brigade, chargé des services militaires et correspondances avec les corps, et l'autre, intendant militaire, chargé des services administratifs, des subsistances, approvisionnements et transports. Les ordres généraux seront toujours approuvés par le général en chef.

Le corps d'état-major sera dissous. Les colonels et lieutenants-colonels conserveront leurs fonctions et ne seront remplacés que lorsque l'organisation permettra de les faire passer dans les régiments ; car il est indispensable d'établir que nul ne sera nommé général s'il n'a commandé un régiment pendant deux ou trois ans.

Une loi ne satisfera le plus grand nombre qu'autant qu'elle fera la part de tous les mérites. Pour avoir des cadres sérieux il faut attirer les hommes instruits dans les rangs, et cela sera facile si l'on établit que, depuis le grade de sous-lieutenant jusqu'à celui de général de brigade, le corps d'officiers sera composé dans chaque grade des trois cinquièmes d'officiers qui ont débuté comme soldats et fait carrière en passant par tous les grades.

Un régiment d'infanterie, qui a, en moyenne, plus de deux mille hommes, peut être assimilé à une ville qui a une population de cinq mille âmes. Nous faisons cette comparaison pour démontrer que des professeurs civils doivent faire les cours dans les régiments si l'on veut obtenir des résultats importants.

Le tour du choix pour l'avancement des officiers sera réduit à un cinquième dans chacune des catégories et dans tous les grades, excepté pour le grade de général de division.

L'avancement des sous-officiers pour le grade de sous-lieutenant comprendra cinq tours.

Le premier tour reviendra aux plus anciens sous-officiers qui sont adjudants, sergents-majors et sergents instructeurs. Le droit à la nomination acquis par la date de promotion de sous-officier et non par l'admission à la fonction. En conséquence, les cent premiers tours dus aux plus anciens, les centaines des deuxième et quatrième tours aux élèves de l'Ecole polytechnique (1) et les centaines des troisième et cinquième tours aux sous-officiers proposés par les inspecteurs.

Tout Français n'ayant pas vingt-cinq ans révolus qui s'engage pour cinq ans, s'il est bachelier ès-lettre où bachelier ès-sciences, dès qu'il aura deux ans de grade de sous-officier, sera proposé pour sous-lieutenant et sera envoyé à l'Ecole polytechnique, d'où il sortira officier un an après.

Les officiers qui, en sortant de l'Ecole polytechnique, ne seront pas envoyés dans les armes spéciales seront traités, sous le rapport de l'avancement, comme les officiers de cavalerie et d'infanterie.

(1) L'Ecole de Saint-Cyr sera supprimée. L'Ecole polytechnique recevra un plus grand nombre d'élèves.

Les armées ne seront considérées comme en campagne
que lorsqu'elles auront passé la frontière ou lorsque l'ennemi sera sur notre territoire. Un décret devra toujours
régler la situation. Or, une fois en présence de l'ennemi,
les quatre cinquièmes des vacances dans le grade de sous-
lieutenant reviendront de droit aux sous-officiers présents
ou absents pour cause de blessures et un cinquième aux
élèves de l'Ecole les plus méritants.

La non-activité par suppression d'emploi ou par retour
de captivité ne doit plus exister. Ces officiers seront toujours placés à la suite, et ceux qui le demandent seront
envoyés en congé avec solde entière pendant un mois et le
reste du temps en demi-solde.

Les officiers en non-activité par mesure de discipline,
quand il y aura lieu de les rappeler à l'activité, ce sera au
tour d'ancienneté de la catégorie à laquelle ils appartien-
nent.

VI

Les grades subalternes sont divisés par catégories. Les plus essentielles se composent du sergent et du sous-officier comptable.

Le sergent est l'homme des traditions. C'est par-lui et par le capitaine que le régiment devient une famille d'honneur. Soumis à la discipline, fidèle à ses devoirs, précieux en temps de guerre, son autorité est d'autant plus prépondé-dérante qu'elle s'exerce sur les subordonnés qui n'ont pas été ses égaux. C'est lui qui, par son contact assidu dans tous les services, parvient à connaître le caractère et la conduite des soldats et peut donner les meilleurs renseignements à ses chefs. Guide autour duquel manœuvrent les masses, sujet énergique et robuste, modeste dans son ambition, son maintien dans les régiments jusqu'à l'âge de la retraite sera l'acte le plus équitable.

Les sous-officiers comptables sont ces jeunes gens qui, ayant fait les études du premier degré, sont choisis pour occuper les emplois de fourrier, de sergent-major, de secrétaire et d'adjudant,

Pouvant, en travaillant à leur instruction, subir l'examen exigé pour être candidat à l'avancement, plusieurs se présentent et, dans l'infanterie, ceux qui se passionnent pour le grade d'officier peuvent être évalués à deux mille.

Il est donc bien facile de se rendre compte que ces sous-officiers, devenant officiers entre sept et dix ans de service, ce qui leur assure le grade de capitaine longtemps avant leur retraite, préféreront cette perspective aux emplois mesquins qu'on leur réserve. Quant aux autres sous-officiers qui n'aspirent point à l'épaulette, soit qu'ils quittent le service pour les carrières civiles, soit qu'ils ne possèdent pas les capacités pour subir un examen, ces derniers surtout ne consentiront à rester au service qu'autant qu'on les y maintiendra jusqu'à l'âge qui leur assurera une pension convenable.

Il faudrait donc rapporter la loi du 7 août 1873 et établir les bases suivantes ; le droit aux emplois sera réglé ainsi :

1° Dans chaque grade, placer les amputés (1) ;

2° Les militaires qui ont servi vingt ans ;

3° Les militaires non amputés, réformés pour blessures ;

4° Les militaires retirés du service qui, dans les armées, ont été cités comme s'étant distingués devant l'ennemi.

Les perceptions de quatrième et cinquième classes dues aux militaires dans l'ordre ci-dessus.

Les bureaux de tabac, divisés en quatre classes, seront donnés aux veuves des généraux, des officiers supérieurs et des assimilés :

1° A celles dont le mari a été tué à l'ennemi ou qui est mort de ses blessures ;

2° A celles dont le mari est mort en activité de service et n'a pas laissé de fortune ;

3° Aux veuves sans fortune.

(1) Les militaires retraités pour blessures graves seront considérés comme amputés.

Les bureaux de deuxième classe, aux veuves des officiers subalternes ou à leurs enfants, dans le même ordre que pour les veuves des généraux et d'officiers supérieurs.

Les bureaux des troisième et quatrième classes aux sous-officiers et soldats dans l'ordre établi pour les emplois.

Non-seulement il y aura lieu d'encourager les anciens militaires au moyen des emplois auxquels ils auront droit, d'après un classement annuel établi par les conseillers d'Etat, mais il serait juste d'allouer à tout militaire qui aura servi activement pendant vingt ans une indemnité s'élevant :

Pour le soldat à...................... 500 fr.
— caporal, tambour ou clairon... 600
— sous-officier................. 800

laquelle leur sera payée (1) par le commandant du recrutement de la région où ils seront incorporés dans l'armée territoriale jusqu'à l'âge de quarante-cinq ans.

(1) Une seule fois.

VII

L'armée active fournira les cadres à l'armée territoriale. En conséquence, les anciens sous-officiers et soldats qui auront servi vingt ans activement passeront dans la territoriale, où un traitement des vingt trentièmes de la retraite leur sera payé par le commandant du recrutement jusqu'à quarante-cinq ans d'âge. Et, après cet âge, la retraite pour ces militaires sera définitive.

Tous les militaires dont les services sont sédentaires, tels que gendarmerie, commis aux écritures, administrations, recrutement, etc., seront autorisés à conserver leur position jusqu'à quarante-cinq ans et ne seront retraités qu'après.

Les officiers, jusqu'au grade de lieutenant-colonel, ayant vingt ans de service et qui en feront la demande, passeront dans l'armée territoriale.

Les généraux pourront en proposer d'office, mais seulement dans des cas que le ministre déterminera et qui permettront à l'officier d'en rappeler, si ce passage devait nuire à sa carrière. Le traitement de tout officier passant dans l'armée territoriale, basé sur les vingt trentièmes du minimum de la retraite, lui sera payé par le recrutement pendant cinq ans. Après ces cinq années, il sera évalué aux vingt-cinq trentièmes et maintenu à ce taux pendant dix ans. Ces deux périodes écoulées, l'officier sera retraité définitivement s'il justifie de ses services comme c'est prescrit art. 2, avant-dernier paragraphe, p. 28. Il sera considéré comme ayant servi trente ans, et les campagnes qu'il aura faites avec l'armée active lui seront comptées.

Les officiers et les hommes de troupe ayant servi vingt ans et jouissant d'un traitement dans l'armée territoriale, s'ils reçoivent un emploi civil, la décision du ministre indiquera si le titulaire doit cumuler les deux traitements et s'il doit être maintenu dans la territoriale.

La nouvelle loi sur les pensions des officiers, deuxième paragraphe, prescrivant de servir cinq ans dans la territoriale, sera appliquée de la manière suivante : l'officier qui prend sa retraite à trente ans de services ne recevra qu'une pension provisoire, conformément au tarif du 25 juin 1861, et cinq ans après sa pension sera définitive ; mais il n'aura droit au taux fixé par le tarif du 22 juin 1878 qu'autant qu'il justifiera d'avoir servi dans la territoriale pendant cinq ans.

Tout militaire, quel que soit son grade, qui aura servi dans l'armée active pendant trente-cinq ans, ne sera plus tenu de servir dans la territoriale et sa pension d'après le dernier tarif sera définitive.

Les généraux de brigade quittant le service par limite d'âge seront tenus de servir trois ans dans la territoriale. Tous les généraux disponibles seront également tenus de prendre un commandement s'ils n'ont pas soixante-cinq ans révolus.

Le personnel des grandes industries et administrations civiles sera organisé dans toute la France par compagnies et par bataillons, les compagnies avec les hommes dont le service ne les éloignera pas plus d'une lieue du centre de réunion et le bataillon avec les compagnies d'une zone déterminée, en tenant compte des moyens de locomotion et de la facilité de les réunir dans un laps de temps qui ne devra pas dépasser vingt-quatre heures sur les voies ferrées et quarante-huit dans les autres contrées (1).

Les chefs des administrations et des industries, les préfets, sous-préfets, directeurs, magistrats et les notables en général, seront commissionnés pour assister les commandants d'armée, de division et de brigade, pour qu'en cas d'insurrection et de guerre civile, ils donnent leur avis chaque fois qu'il y aura lieu d'engager la lutte et même de faire fusiller les insurgés arrêtés.

(1) Ces troupes ne seront mobilisées que par décret; l'État leur fournira les armes. Un général en aura le commandement.

VIII

Les récompenses dans la Légion d'honneur sont toujours fort recherchées, et bien que les décrets organiques aient déterminé la durée des services et leur genre, des jeunes gens obtiennent la croix pendant que d'anciens militaires l'attendent en vain.

L'homme est corruptible et les temps ne le changent pas.

Si le législateur maintient cette belle institution et s'il veut que les militaires qui rendent les meilleurs services sans avoir beaucoup d'avancement obtiennent cependant une compensation, ne pourra-t-on pas trouver le moyen de la lui accorder dans la Légion d'honneur ?

Les récompenses dans la Légion d'honneur doivent être accordées, savoir : sur cinq, trois reviendront aux officiers, dont deux à la catégorie qui a passé par la filière et une à ceux des écoles et deux aux sous-officiers et soldats n'ayant pas moins de quinze ans de services. Ainsi sur cent, soixante reviendront aux officiers les plus anciens de service et quarante à la troupe. Les médailles militaires seront accordées aux sous-officiers et soldats qui compteront au moins douze ans de services dans la proportion d'une médaille par an et pour mille anciens militaires présents sous les drapeaux. En temps de guerre, la proportion ci-dessus sera élevée à dix.

L'avancement dans l'ordre doit admettre que les capitaines pourront arriver au grade de commandeur. Les récompenses dans la Légion d'honneur, réparties avec beaucoup de sagesse, doivent contribuer à faire rester au service les hommes d'élite, si utiles, sur les champs de bataille.

IX

Le moral des troupes est comme celui de tous les Français. S'il fallait marcher à l'ennemi pas un seul ne resterait en arrière. Si un effort était exigé par la politique à l'intérieur, l'exemple donné en 1878 par M. Labordère se renouvellerait et prouverait que la discipline n'est plus qu'une fiction.

Le gouvernement n'a donc qu'à être prudent, car toute collision effacerait à tout jamais le peu des principes de 1789 qui nous restent. Déjà il n'est que trop regrettable que les hommes nouveaux, en prenant le pouvoir, n'aient pas trouvé une meilleure solution pour éloigner de l'esprit du soldat la crainte des châtiments. A peine la République était-elle naissante que, sur la Loire, on inaugurait la loi martiale et des militaires inexpérimentés en étaient les victimes. Après la Commune on redoubla de sévérité et, outre cela, la plupart des militaires qui l'avaient vaincue furent libérés contre leur gré.

Le 1ᵉʳ juin 1875, une loi aussi violente que la loi martiale était promulguée. Elle porte que les militaires peuvent (sur le pied de guerre) être traduits en conseils de guerre sans instruction préalable et exécutés aussitôt après le jugement prononcé.

Aussi, c'est à partir du jour où la République exigeait que tout citoyen serait soldat jusqu'à quarante ans que les règles de rigueur ont été multipliées ; qu'on a, en outre, retiré à presque tous les Français le droit de rester soldats jusqu'à la retraite et qu'on a consacré par la loi que tous sont tenus de marcher en cas de guerre et d'être renvoyés ensuite dans leurs foyers, d'où ils verseront les impôts pour payer les frais de la guerre.

Ces dispositions, qui répondent si peu aux idées libérales d'un grand peuple, n'auraient pas été tolérées sous la monarchie.

Le pouvoir actuel, dans les mains des avocats et des états-majors, peut ignorer que les meilleures troupes sont celles où les chefs communiquent avec bonté avec leurs subordonnés et que c'est dans les régiments ainsi conduits qu'on rencontre le plus de sujets d'élite. Ils ignorent aussi que les chefs qui n'ont jamais eu de contact avec les troupes sont toujours les plus sévères, et que ces officiers, en détruisant la confiance et la solidarité, dégoûtent la jeunesse de la carrière des armes.

Espérons que les puissants du jour s'éclaireront et répareront tant de fautes commises. Qu'ils sachent bien que, quand le privilége favorisera moins les nullités, alors chacun croira à la République, car, l'abîme ouvert sous nos pieds disparaissant, nos divisions cesseront en présence d'un avenir de justice et de gloire nationale.

X

Avant 1789, la sûreté publique, composée de nobles et d'étrangers ne connaissant que la volonté du Roi, incarcérait à la Bastille tout citoyen dont les allures devenaient suspectes.

Les révolutionnaires détruisirent ces abominations et, reconstituant aussitôt nos libertés, donnèrent la force à la la loi, et, comme prépondérant, organisèrent les gardes nationales.

Cette vaste institution, qui contrariait tous les gouvernements qui se succédaient sans qu'aucun ait jamais osé l'abolir, disparaissait en 1871.

C'est M. Thiers et ses ministres qui ont fait abroger la loi, et c'est de ce moment que la sûreté publique tout entière est revenue entre les mains du pouvoir, qui, heureusement, n'a pas de raisons pour avoir le vertige, mais qui, si les événements l'y poussaient, ne serait pas moins le maître de faire la lumière ou la nuit à sa guise sur le peuple désarmé.

Les promesses solennelles et les serments qui affirment qu'on s'inclinera devant la loi servent à faire hausser les fonds à la Bourse sans rien changer aux convictions des gens qui attendent leur heure. L'Assemblée, qui a effacé l'institution gardienne de nos libertés, a commis une faute et l'a aggravée en établissant en principe que, pour renverser la Constitution, on doit se servir de la multitude, et que, quand il s'agit de rétablir un chef suprême, la foule n'est plus rien, les mandataires seuls sont compétents.

En faisant bon marché de l'honneur des électeurs, n'encourage-t-on pas les entreprises violentes qui pourraient nous réveiller dans la boue et le sang ? Et cet état de choses n'existe-t-il pas parce qu'on n'ose pas dire aux Français : Un gouvernement ne peut être inviolable que quand il aura été élu par le suffrage universel ; allez à l'urne et que votre volonté soit faite.

N'est-ce pas ce qui a été fait en 1804, en 1848 et en 1851 ?

Le gouvernement légal, énergique et fort, donnant la vie aux affaires, appelant à lui tout homme bien pensant, ne pourra compter sur le plus grand nombre que lorsque chaque citoyen se sentira quelque chose dans son pays, et que, jouissant de la considération acquise dans une longue carrière, il trouvera l'appui auquel il a droit ; mais tant que l'auto-da-fé des fonctionnaires, devenu incessant, tant que les généraux les plus renommés seront mis en suspicion, il y aura malaise partout et la désolation grandira sans cesse.

Pourtant notre état social nous montre que nous n'avons en France ni hautes classes, ni notables sérieux, que nous ne possédons que des familles grand genre qui sont heureuses de la gloire et des traditions de leurs ancêtres, e qui, faisant tout pour se rendre antipathiques au populaire, n'acceptent la République que comme un fait provisoire indépendant de leur volonté. Elles sont inoffensives et resteront telles tant qu'elles pourront entendre la messe.....

La bourgeoisie est constante et son degré politique ne varie guère. Pourvu qu'on respecte ses habitudes, qu'on facilite ses transactions, qu'on l'amuse par des fêtes publiques, qu'on la flatte dans ses aspirations en lui promettant l'instruction gratuite, plus de guerre et plus de tyrans, on la verra se pâmer de joie et déposer dans l'urne le bulletin qu'on lui aura mis dans la main. Elle a un enthousiasme sans bornes pour qui sait s'en servir.

Les populations positives sont celles qui roulent et qui, sans prétentions apparentes, veulent du travail pour vivre.

Mobiles comme le soldat, faciles à entraîner quand leurs souffrances physiques et morales les torturent, elles suivent aisément les meneurs qui leur promettent un sort meilleur. Et, bien que l'expérience leur ait prouvé qu'après chaque secousse des centaines d'industries périssent, que les denrées de première nécessité renchérissent et que tout soulagement à leurs maux devient de plus en plus difficile, rien n'arrête ces masses flottantes qui, en contribuant à la ruine générale, ne s'aperçoivent pas quelles ne font arriver aux affaires que des seigneurs et maîtres qui n'ont pas une réforme utile et populaire à faire accepter.

Ces erreurs auront-elles une fin? Ce n'est pas probable.

CONCLUSION

Le nombre des savants doit être limité dans les armées, car l'expérience rappelle que non-seulement ils sont toujours jaloux les uns des autres ; mais personne ne doute que, si l'on ne formait des régiments qu'avec des avocats, des professeurs et des astronomes, et qu'on voulût, avec de pareils soldats, vaincre ou mourir, on n'obtiendrait d'eux ni l'un ni l'autre. En effet, la science est nécessaire pour tracer les lignes ; mais, pour ouvrir le sillon, le laboureur, les bœufs et la charrue sont indispensables.

Il faut donc proportionner les nombres et assortir les gens pour que chacun soit à sa place selon les services qu'il doit rendre.

Pour cela, les règlements des armées doivent être faits par des hommes compétents qui se préoccuperont des connaissances et des aspirations du peuple pour établir avec impartialité l'échelle progressive par laquelle on sera tenu de passer pour monter en grade.

Nous voyons, par ces temps, que les hommes résolus et inébranlables dans leurs principes deviennent de plus en plus rares, et, en nous demandant d'où cela provient, nous croyons en trouver la raison dans ce fait que, plus les hommes sont intelligents et instruits, plus ils sont ambitieux et par conséquent moins dévoués à leurs bienfaiteurs et à leur patrie. Nous croyons voir aussi une autre cause au progrès de notre décadence, c'est que le personnel éclairé, qui a de grands besoins, et qui, en résumé, ne produit rien, devient de plus en plus nombreux. Mais laissons ces questions arides pour ne chercher que le remède contre le mal et nous demander s'il ne se trouve pas dans nos armées par les avantages à faire aux sujets qui y entrent et s'y dévouent.

Pour que l'armée devienne la pépinière des jeunes gens qui veulent entrer dans les carrières, il faudrait établir la filière pour passer de l'état militaire dans les professions civiles. On y arrivera, mais toujours trop tard. En attendant, reprenons la question qui divise, parce que les faveurs sont accordées en grande partie aux officiers de la même catégorie; et, à ce sujet, rappelons que les généraux du premier Empire, ayant presque tous débuté comme soldats, nous ont légué les souvenirs les plus glorieux, tandis que ceux de la dernière génération, dont neuf sur dix étaient et sont sortis des écoles militaires, ne nous ont donné que des défaites et des déroutes. Oh! il faut bien réfléchir pour faire la loi sur l'avancement, car pour être général il ne suffit pas d'être beau parleur, mais il faut joindre aux capacités professionnelles un caractère de fer qui vise toujours le point d'honneur. Ces qualités semblent avoir manqué au général Trochu, qui, pendant longtemps, nous avait inspiré la plus grande confiance. Lorsqu'il prit le commandement de Paris, personne ne s'attendait à le voir général en chef et président du comité insurrectionnel dans la même journée. En se plaçant à la tête d'un mouvement populaire qu'il ne pouvait empêcher que par une contre-révolution, ses faiblesses auraient été excusées si, pendant le siége, il s'était rendu maître des événements. Mais, de quelque côté qu'on cherche, on le trouve constamment au-dessous de la position qu'il occupe et jamais on ne découvre rien de favorable à sa cause. Sans volonté et sans énergie, incapable de grandes entreprises, il laisse presque inertes toutes les forces dont il dispose, et, se noyant dans les détails, il donne aux sectaires le temps de préparer la Commune.

Poussé par le comité à faire des sorties, il en ordonne quelques-unes. Le 29 octobre 1870, l'armée du général Vinoy attaque Champigny à six heures du matin. Prévenu que toutes nos armées marchent à l'ennemi, il soutient la lutte et est écrasé. Quinze cents hommes sont morts ou blessés, quand, par dépêche, le général Trochu ordonne de faire rentrer les troupes, parce que l'attaque générale est ajournée.

Le 17 janvier 1871, on arrête qu'une sortie générale aura lieu le 19. Le gouverneur se rendra au Mont-Valérien et donnera le signal du combat à six heures du matin. Il n'y arrive qu'à sept heures un quart, et, la fatalité s'en mêlant, le signal avait déjà été donné par le commandant du fort. Une seule brigade, celle du général Noël, s'était élancée.; fortement maltraitée, elle n'est soutenue qu'à huit heures par le corps du général Bellemare, et l'armée du général Ducrot n'arrive sur le champ de bataille qu'à dix heures, quand l'ennemi n'est plus abordable.

Oh ! oui, quand le soldat dont on verse le sang sans but défini crie à la trahison, il ne veut pas toujours dire que son général passe à l'ennemi, mais bien qu'il envoie ses soldats à la boucherie...

Quant à M. le maréchal de Mac-Mahon, qui nous avait tant de fois enthousiasmé et sur la valeur duquel reposaient toutes les espérances, lui qui a donné l'exemple de toutes les vertus, dès qu'à la tête des armées il devient arbitre responsable, il nous donne Reichshoffen d'abord, Sedan ensuite, et la lenteur qu'il met à s'emparer de Paris achève de faire connaître son degré de capacités stratégiques. Sans se décourager, il reste au centre des événements et tout à coup se laisse élever à la présidence. Là, nous le voyons encore plein de dignité, bien que son rôle ne soit que celui d'un soldat en faction. Ses ministres font ce qu'ils veulent pourvu qu'ils ne l'obligent pas à violer les lois.

Aux prises avec des hommes d'opinions divergentes et abandonné à lui-même parce qu'aucun parti ne trouve en lui le soutien de sa cause, ne pouvant plus tenir, prenant pour prétexte les intérêts de quelques généraux, il se fait relever.

Pendant les six années de son pouvoir, la Turquie fut démembrée, la Russie étendit sa puissance sur les races slaves, qui se chiffrent par cent millions d'habitants, et ce fait, qu'on redoutait depuis Pierre le Grand, s'accomplissait en laissant présager l'avenir le plus sombre pour les intérêts de la France.

En prenant le pouvoir suprême, qui avait pour origine la défaite de son armée à Sedan, tout semble indiquer qu'il n'avait qu'un but, celui d'ajouter un titre nouveau aux services qu'il avait déjà rendus.

Le motif invoqué par M. le Maréchal-Président pour se retirer aurait dû faire réfléchir tout général pouvant devenir ministre. M. le général Gresley n'y a pas regardé de si près, et, sachant qu'il était peu connu dans l'armée, aussitôt son arrivée aux affaires il y a fait parade. Il a déposé plusieurs généraux qui s'éternisaient dans les grands commandements; il a, à propos de l'enquête dirigée pour mettre en jugement les ministres du 16 mai et octobre 1878, remis au rapporteur de la Chambre des députés, deux jours avant la discussion de la séance du 13 mars 1879, copie des ordres qu'avaient donnés les ministres poursuivis, ordres qui jusque-là avaient été tenus secrets par respect professionnel. Il a réintégré dans l'armée, avec le grade de chef de bataillon, l'ex-major Labordère et a remis en vigueur le décret sur le chant de la *Marseillaise*.

Tous ces faits sont-ils de nature à rendre l'armée homogène et tous ses membres solidaires ?

Il nous semble que ce grand corps ne restera centre de la société où se réfugient le devoir et l'honneur et ne sera l'arche de salut national qu'à la condition d'établir que les règles sur la discipline ne pourront jamais être violées sous prétexte de désobéissance patriotique.

En résumé, il est actuellement prouvé que les écoles militaires n'ont fourni que des officiers ordinaires, et il serait temps de diminuer le privilége, afin d'attirer dans les rangs les éléments qui constituent les bons cadres. Car si les capacités sont nécessaires pour les hautes directions, il n'en est pas moins vrai que les grandes conceptions ne sont guère le produit de la science, mais bien celui de l'intelligence, et que, par conséquent, les qualités qui pénètrent l'officier et tout militaire gradé de sentiments essentiellement français ne s'acquièrent que par le travail au milieu des troupes dont on partage le bien et le mal.

APERÇU HISTORIQUE

L'ambition, quand elle est justifiée par des services rendus, est la chose la plus naturelle. Elle est encore louable si les hommes capables, en arrivant au pouvoir, même illégalement, prennent des mesures que la majorité des citoyens attendait.

Les Bourbons, en rentrant en France en 1815, firent distribuer un milliard aux émigrés qui avaient servi dans les armées ennemies, frappèrent de terreur les populations, et, quand leur trône fut renversé en 1830, ils firent verser des flots de sang. Ils signèrent ainsi leur exclusion à perpétuité.

Louis-Philippe leur succéda. D'un caractère noble et essentiellement français, il devait laisser un grand exemple en prouvant que le sang du peuple lui était plus cher que sa couronne. En effet, l'effervescence, en 1848, devint dangereuse, et on fit savoir au roi qu'il ne pouvait régner qu'en faisant agir la force armée. « Eh bien, dit-il, je préfère abandonner mon trône, »

L'impératrice Eugénie Napoléon a manifesté les mêmes sentimens que Louis-Philippe, en 1870. Au moment où la révolution grondait aux portes des Tuileries, l'impératrice aurait dit : «Qu'on évite l'effusion du sang, et, si c'est nécessaire, qu'on rappelle de suite les d'Orléans au pouvoir. » Quand la multitude ne ressemblera plus à un troupeau et quand elle connaîtra un peu d'histoire raisonnée, alors elle appréciera mieux la vérité et en profitera pour régler sa conduite.

En attendant que les consciences s'éclairent, tous les honnêtes gens doivent prêter leur concours aux hommes qui se sont placés à la tête du progrès pour le conduire, ne fût-ce que pour éviter de grands malheurs à la France, où les gouvernements sont si fragiles. Le régime qu'on nous impose n'est effrayant pour personne, et sa permanence pourrait devenir définitive si l'autocratie des ministres dans la distribution des emplois cessait sa partialité outrée, ce qui fait dire généralement qu'en république on tombe toujours dans les excès et que le meilleur moyen de faire fortune consiste dans les bonnes relations qu'on a su acquérir en culottant des pipes.

Les hommes qui contribuent à la chute des gouvernements sans savoir s'ils pourront les remplacer avantageusement sont bien coupables. M. Thiers, que nous admirions lorsqu'il arriva aux affaires, nous a profondément désolé lorsque, tenant les rênes, il en fit un si pauvre usage. Mêlé à toutes nos révolutions, il brigue le pouvoir et ne recule devant rien pour y arriver. Elevé à la première magistrature, il rêve gloire et bataille. Pour cela, il caresse les partis ; son rôle est tracé, sa ruse le fera triompher ; tout est mis en mouvement pour éloigner les Prussiens, l'emprunt se fait, le territoire sera libéré et tous les lauriers seront à lui.

La paix est signée et il en a tous les honneurs.

La conduite des partis (1) pendant que les Prussiens bombardaient Paris indiquait que le foyer n'était pas éteint et que de grandes précautions devaient être prises. Ne pas exiger de l'ennemi qu'il laissât des troupes suffisantes pour maintenir l'ordre, c'était prévoir la révolution avec toutes ses horreurs, et c'était vouloir la lutte pour effrayer et laisser croire qu'il fallait sauver la société.

Une petite armée est maintenue ; avec un peu de bonne volonté et avec l'ascendant qu'il avait sur tous les **hommes** politiques, M. Thiers pouvait parfaitement ne pas abandonner Paris. Les régiments qui avaient été désarmés et dispersés à trente ou quarante lieues de Paris pouvaient y être ramenés en quelques heures. De nombreux citoyens pouvaient être requis, et, certes, ils se seraient promptement joints aux troupes. Il ne fait rien de tout cela ; il a son plan : celui de se sauver à Versailles, d'entraîner avec lui toutes les troupes et d'abandonner ainsi la capitale pour se procurer le plaisir de la reprendre quand l'œuvre de la dévastation sera achevée. .

Paris abandonné voit surgir des chefs énergiques qui organisent des bataillons, des escadrons et des batteries, achèvent de se couvrir par des fortifications et des barricades, et, en un clin d'œil, présentent une armée formidable que Trochu n'avait pu découvrir. La Commune est proclamée ; Paris va subir un nouveau siége, et cette fois les Français se battront entre eux.

La faute d'avoir abandonné Paris ternira à tout jamais la mémoire de ceux qui s'en sont rendus coupables. Une fois commise, un seul moyen s'offrait de la réparer : traiter en disant aux membres de la Commune : Vous ne serez pas plus poursuivis que les gens qui ont fait le 4 septembre. Nous sommes divisés sur le but à atteindre, par conséquent,

(1) 31 octobre et 22 janvier.

nous avons notre maître à tous, qui est le suffrage universel; consultons-le avec la ferme résolution de nous y soumettre, et, par ce moyen, nous éviterons à des citoyens de s'égorger et à notre patrie d'augmenter son déshonneur.

Hélas! cet ambitieux vieillard devait en décider autrement; pendant quarante ans, il avait combattu par la parole quiconque était plus puissant que lui, et, pour grandir encore, il devait, à la fin de ses jours, combattre par les armes quiconque ne pensait pas comme lui.

TABLE DES MATIÈRES

Pages.

Paris. — Imprimerie Balitout, Questroy et Cᵉ, 7, rue Baillif.

PARIS

IMPRIMERIE BALITOUT, QUESTROY ET Cie

7, rue Baillif, 7